MON PROJET

DE

CONSTITUTION

PAR ALEXANDRE MARTIN

PROFESSEUR DE PHILOSOPHIE DE L'UNIVERSITÉ

Prix : 25 Centimes

SE VEND CHEZ TOUS LES LIBRAIRES

1871

MON PROJET

DE

CONSTITUTION

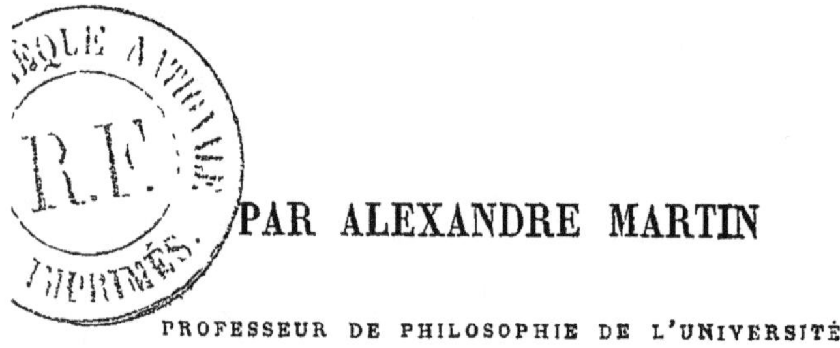

PAR ALEXANDRE MARTIN

PROFESSEUR DE PHILOSOPHIE DE L'UNIVERSITÉ

1871

Par tempérament et inclination d'esprit, j'ai beaucoup réfléchi dans ma courte vie aux choses de la politique. Je puis même le dire, chaque fois que je mets de côté les études du métier, et que, fatigué de lectures ennuyeuses, je jette loin de moi tous les livres pour laisser mon esprit vagabonder à son aise, c'est presque toujours sur ce sujet de la politique qu'il revient de lui-même, sans la moindre intervention de ma volonté.

Si j'étais un plus gros ou plus intrigant personnage, fils de député ou de ministre, familier des couloirs, hôte assidu des antichambres, je ne méditerais pas sur la politique : j'en ferais. A force de protections et de courbettes, je pourrais m'élever jusqu'aux fonctions de sous-préfet.

N'étant rien, que professeur et philosophe, je me trouve réduit à écrire, au lieu d'agir.

J'aurais pu assommer le public d'un gros livre, où j'aurais exposé tout au long mes critiques sur le système actuel et mes projets de réforme. J'aurais été ennuyeux, et par cela même respecté comme un homme de fonds.

J'ai préféré condenser mes idées, ou mes utopies, dans un court projet de Constitution, si court, qu'il faudrait être bien dédaigneux, ou bien affairé, ou bien léger, pour ne pas le lire jusqu'au bout, et lui refuser un honneur qu'on accorde tous les jours au *Petit Journal* ou à la *Petite Presse* de Timothée.

Lisez-le donc ; vous y trouverez, si je ne m'abuse, quelques idées nouvelles. Et peut-être vous apercevrez-vous, avec grand étonnement, qu'elles sont pratiques. Pour être philosophe, on n'est pas nécessairement dénué de sens commun.

Ceci n'est pas la République de Platon, l'Utopie de Thomas Morus, ni le Léviathan de Hobbes.

C'est l'œuvre modeste de quelqu'un qui s'habille, vit et pense comme vous, qui se croit bien de son temps, et qui bannit de son esprit aussi bien les regrets ineptes du passé, que les rêves insensés de l'avenir.

9 avril 1871.

MON PROJET DE CONSTITUTION

TITRE PREMIER.

Dispositions fondamentales.

ARTICLE PREMIER.

Le gouvernement de la France est une République.

ART. 2.

Le pouvoir constituant est exercé par un Sénat nommé dans les conditions prescrites par le titre II.

ART. 3.

Le pouvoir législatif est exercé concurremment par une Assemblée nationale nommée au suffrage universel, et par un Corps législatif dont les membres sont choisis par l'Assemblée.

ART. 4.

Le pouvoir exécutif est exercé par un Chef du pouvoir exécutif désigné par l'Assemblée nationale, et qui choisit ses ministres parmi les membres de cette Assemblée.

ART. 5.

Le pouvoir judiciaire est exercé par une magistrature inamovible qui se recrute elle-même.

ART. 6.

Le clergé des différents cultes reconnus par la loi et l'Université sont également constitués en corps se recrutant eux-mêmes.

TITRE II.

Du Sénat.

ART. 7.

Le Sénat se compose :

1° De membres élus à la majorité absolue des deux tiers des votants, avec nombre indéfini de scrutins jusqu'à complet résultat, par chaque Conseil général des départements, et pris dans le sein du Conseil, à raison d'un par département ;

2° De membres élus dans les mêmes conditions de scrutin par chaque Conseil municipal des villes dont les habitants sont au nombre de quarante mille ou davantage, et pris dans le Conseil, à raison de un par quarante mille, plus un pour une fraction de quarante mille dépassant vingt mille ;

3° De membres élus par chaque section de l'Institut de France dans les mêmes conditions de scrutin, à raison de cinq par section ;

4° De tous les magistrats à la Cour suprême de justice ;

5° De tous les archevêques, du président du Consistoire central du culte protestant, et du président du Consistoire central du culte Israélite ;

6° De tous les Recteurs d'Université ;

7° De cinquante membres choisis directement par le Chef du pouvoir exécutif parmi les notabilités de la politique, de l'armée, des lettres, des sciences et des arts, de l'agriculture, de l'industrie et du commerce.

La vérification des pouvoirs des Sénateurs est faite par le Corps législatif.

Art. 8.

Les Sénateurs sont inamovibles et à vie. Chaque vacance de siége sénatorial est remplie par le mode d'élection qui avait désigné le titulaire du siége vacant. Les Sénateurs ne jouissent d'aucun traitement ni d'aucune indemnité. Ils ont droit de préséance sur tous les citoyens français, sauf le Chef du pouvoir exécutif.

Art. 9.

Les Sénateurs se réunissent sur la convocation du Chef du pouvoir exécutif dans deux cas :

1° Pour faire à la Constitution un changement proposé soit par l'Assemblée nationale, soit par le Corps législatif, soit par le Chef du pouvoir exécutif ;

2° Pour suppléer à l'Assemblée nationale et au Corps législatif , si un concours imprévu et extraordinaire de circonstances empêchait ces deux pouvoirs de fonctionner.

Art. 10.

Les Sénateurs se réunissent sur la convocation ou de l'Assemblée nationale, ou du Chef du pouvoir exécutif, dans le cas où l'un de ces deux pouvoirs aurait violé la Constitution, pour annuler l'acte ou la loi qui constituerait la violation.

Art. 11.

Les Sénateurs se réunissent sur la convocation de l'Assemblée nationale pour juger le Chef du pouvoir exécutif mis en accusation par elle.

Art. 12.

Lors de chacune de ces réunions, le Sénat nomme ses dignitaires, fait son règlement, et se congédie lui-même.

— Il ne se réunit que dans un des cas énumérés précédemment.

TITRE III.

De l'Assemblée nationale.

Art. 13.

L'Assemblée nationale est élue pour quatre ans par les citoyens à raison d'un député par circonscription de cent mille habitants. L'Assemblée, avant de se dissoudre, règle les circonscriptions, pour les prochaines élections générales. Les frontières des départements seront révisées de manière à ce que chaque département offre un nombre rond de plusieurs centaines de mille habitants, sans fraction importante. Les arrondissements seront supprimés et remplacés par les circonscriptions. Les villes de trente mille habitants et plus ne sont pas comprises dans les circonscriptions électorales. Dans ces villes il y a une circonscription urbaine par cinquante mille habitants ou fraction de cinquante mille égalant trente mille. Chaque circonscription urbaine nomme un député.

Il n'y a pas de scrutin de liste. Le vote se fait au chef-lieu de canton.

Art. 14.

Les élections pour les députés à l'Assemblée nationale se font, sur la convocation du Chef du pouvoir exécutif, de huit heures du matin à six heures du soir, le premier dimanche après les trois mois qui suivent la dissolution de la précédente Assemblée ou les vacances constatées qui peuvent se produire par démission, décès, option, etc. En cas d'élections générales, s'il arrivait que la situation du pays demandât, pendant les trois mois qui séparent la dissolution du vote, la présence de l'Assemblée, l'Assemblée dissoute reprendrait ses fonctions jusqu'à ce que la nouvelle se fût constituée.

ART. 15.

L'élection d'un député à l'Assemblée a lieu pour le premier scrutin à la majorité absolue des deux tiers des électeurs votants. Si aucun Candidat ne réunit ce nombre de suffrages, un second scrutin a lieu le dimanche suivant. Si dans ce second scrutin, aucun Candidat ne réunit la moitié plus un des suffrages, les élections sont reportées à une année de distance. Dans le cas contraire, le candidat qui a obtenu le plus de voix est élu. Mais, pour sauvegarder les droits de la minorité, si l'un de ses concurrents réunit plus du tiers des suffrages exprimés, il est élu aussi, et chacun des deux élus ne possède à l'Assemblée qu'une demi-voix.

ART. 16.

Tout acte de corruption ou de pression, toute immixtion en ce sens des autorités locales, départementales ou centrales, entraînent, lorsque bonne constatation en est faite lors de la vérification des pouvoirs, l'annulation des élections par l'Assemblée.

ART. 17.

L'Assemblée nationale vérifie les pouvoirs de ses membres, fait son règlement, nomme ses dignitaires, se convoque, se congédie et se dissout elle-même conformément à la Constitution.

Art. 18.

Chaque année de son mandat, l'Assemblée siége du deux janvier à la fête de Pâques. Chacun de ses membres touche pendant trois mois la somme mensuelle de 3,000 francs à titre d'indemnité. Les dignitaires n'ont que l'indemnité de simple député. Il n'y a aucune indemnité pour les sessions extraordinaires. L'Assemblée ne peut être convoquée en session extraordinaire que par le Chef du pouvoir exécutif ; elle détermine alors la durée de cette session.

Art. 19.

L'Assemblée nationale, au commencement et à la fin de chaque session ordinaire, rédige une adresse au Chef du pouvoir exécutif et au Corps législatif : elle y dit son opinion sur la marche des affaires du pays et sur les réformes qui lui semblent opportunes. — Elle reçoit les pétitions des citoyens français et étrangers. — Elle interpelle le pouvoir exécutif sur sa conduite et sur les affaires présentes. — Elle déclare la guerre et fait la paix. — Elle vote le budget de l'année suivante, et contrôle l'emploi du budget de l'année précédente. — Elle présente des projets de loi au Corps législatif. — Elle nomme le Chef du pouvoir exécutif et les membres du Corps législatif. — Ses délibérations sont publiques. Sur la demande de vingt de ses membres, elle peut se constituer en Comité secret.

Art. 20.

L'Assemblée nationale dispose d'une force armée de vingt mille hommes de l'armée active (infanterie, cavalerie, artillerie) dont elle a la libre et absolue disposition.

TITRE IV.

Du Corps législatif.

ART. 21.

Le Corps législatif se compose de cent membres choisis par l'Assemblée parmi les citoyens français profondément versés dans l'étude des lois et la connaissance des affaires publiques. Il est nommé pour seize ans. Mais tous les quatre ans chaque Assemblée nouvelle en fait sortir par le tirage au sort vingt-cinq membres et les remplace : les membres sortants peuvent être renommés. Pendant les années suivantes jusqu'à l'expiration de la législature, les noms des membres nouveaux où renommés ne peuvent figurer dans le tirage au sort. A l'expiration de la législature de seize années, le Corps législatif est dissous en entier, et recomposé par l'Assemblée ; les membres anciens peuvent tous être renommés. La fonction de membre du Corps législatif est exclusive des autres fonctions.

ART. 22.

Le Corps législatif siége toute l'année. Chacun de ses membres jouit d'un traitement annuel de 15,000 francs. Il vérifie les pouvoirs de ses membres, fait son règlement, nomme ses dignitaires, qui n'ont que le traitement de simples membres. Ses séances sont toujours publiques.

ART. 23.

Le Corps législatif discute, amende et fait les lois dont il a l'initiative, ou qui lui sont proposées, soit par l'Assemblée nationale, soit par le Chef du pouvoir exécutif. Les lois faites par lui sont soumises à la ratification de

l'Assemblée qui peut une première fois les lui renvoyer à
correction, et une seconde fois les rejeter définitivement.
Mais toute loi rejetée par elle peut être soumise à la ratification d'une Assemblée nouvelle. Le Chef du pouvoir
exécutif promulgue les lois ratifiées par l'Assemblée et
en assure l'exécution.

TITRE V.
Du pouvoir exécutif.

Art. 24.

Le Chef du pouvoir exécutif est nommé pour quatre
ans par chaque Assemblée nouvelle. Il jouit d'un traitement de 500,000 francs. Il peut être mis en accusation
par l'Assemblée devant le Sénat, qui prononce et peut le
révoquer. En cas de révocation, le Sénat nomme un
Chef provisoire, jusqu'à la fin des quatre années.

Art. 25.

Le Chef du pouvoir exécutif choisit ses ministres, dont
il est responsable et qu'il préside, commande les armées
de terre et de mer, nomme et révoque tous les fonctionnaires publics, sauf ceux de la justice, du clergé et de
l'Université, promulgue et fait exécuter les lois, présente
des projets de loi au Corps législatif, entretient les relations de la France avec les peuples étrangers, protége les
lettres, les sciences et les arts, en tant que l'Université y
reste étrangère.

Art. 26.

Les ministres sont au nombre de quatre :
Un pour la politique intérieure ;
Un pour l'agriculture, l'industrie et le commerce ;

Un pour les finances ;

Un pour les relations extérieures.

Ils assistent aux séances de l'Assemblée, dont ils doivent être membres, y expliquent, soutiennent et défendent la conduite du pouvoir exécutif. Le Chef du pouvoir exécutif peut désigner, à titre de délégués, un ou plusieurs citoyens , fonctionnaires ou autres, pour les assister dans ce rôle. Le traitement d'un ministre est de 50,000 francs.

Art. 27.

Les administrations,

1° De l'armée,

2° De la marine et des colonies,

3° Des voies de communication (postes, télégraphes, chemins de fer, routes) ;

Ont à leur tête des Surintendants, au traitement de 40,000 francs, assimilés aux autres fonctionnaires, et qui ont les mêmes rapports qu'eux avec le Chef du pouvoir exécutif.

Art. 28.

Les fonctionnaires de tout ordre peuvent être traduits devant les tribunaux pour abus de pouvoir conformément aux lois.

TITRE VI.

Des pouvoirs départementaux, cantonaux et communaux.

Art. 29.

Les citoyens électeurs de chaque canton du département nomment un Conseiller au Conseil général du département. Le scrutin a lieu à la majorité absolue de la moitié des votants plus un au premier tour, et à la majorité relative au second tour. Le vote se fait à la commune.

ART. 30.

Les citoyens électeurs de chaque commune du canton nomment dans les mêmes conditions de scrutin un Conseiller au Conseil cantonal. Toute ville de 12,000 habitants ou plus constitue à elle seule un canton par 12,000 habitants et fraction de 12,000 dépassant 9,000, et n'a pas de Conseils cantonaux jusqu'au chiffre de 50,000 habitants.

ART. 31.

Les citoyens électeurs de chaque commune nomment au Scrutin de liste, et à la majorité absolue du quart des votants au premier tour, à la majorité relative au second tour, les Conseillers au Conseil municipal, à raison de 20 Conseillers pour 10,000 habitants et au dessous, de 30 pour 25,000 et au dessous jusqu'à 10,000, de 40 pour 50,000 et au dessous jusqu'à 25,000, de 50 pour 100,000 et au dessous jusqu'à 50,000, de 60 pour plus de 100,000 habitants. Paris nomme 100 Conseillers municipaux. Au-delà de 50,000 habitants, les communes sont divisées en sections par une décision de l'Assemblée nationale.

ART. 32.

Les Conseillers municipaux choisissent parmi eux le Maire de la commune, au scrutin secret, à la majorité absolue des deux tiers des votants, avec nombre indéfini de scrutins jusqu'à résultat complet.

Art. 33.

Les Conseils généraux, cantonaux et municipaux véri-
fient les pouvoirs de leurs membres, font leur règlement,
nomment leurs dignitaires, règlent le nombre et la
durée de leurs sessions. Ils sont renouvelés tous les quatre
ans, deux années après le renouvellement de l'Assemblée.
Ils sont dissous par le préfet du département à l'expiration de leurs pouvoirs, convoqués par lui immédiatement
après le renouvellement de ces mêmes pouvoirs. Ils ne
peuvent être dissous ou convoqués extraordinairement
que par l'Assemblée nationale, sur la demande du Chef
du pouvoir exécutif.

Art. 34.

Des lois spéciales règlent leurs différentes attributions
et leurs rapports avec le gouvernement central.

Art. 35.

Le Chef du pouvoir exécutif est représenté dans chaque département par un préfet, qu'il nomme et dont il
est responsable. Le préfet jouit d'un traitement de
10,000 francs. Des frais de séjour et de représentation
peuvent lui être accordés par l'Assemblée dans le budget.

TITRE VII.

De l'élection et de l'éligibilité.

Art. 36.

Est électeur tout citoyen français âgé de vingt-cinq
ans accomplis, payant sa cote personnelle, n'ayant pas
subi de condamnation pour acte déshonorant, sachant
lire et écrire, et justifiant d'un séjour de six mois dans

la commune où il est établi, ou d'un séjour de six mois immédiatement antérieur dans une autre commune qu'il a quittée pour s'établir dans celle où il vote. Les listes électorales sont toujours ouvertes et à la disposition des citoyens. Les réclamations sont jugées par le Conseil municipal.

Art. 37.

Les bureaux de scrutin sont composés par les conseillers municipaux, qui règlent leur fonctionnement, et constatent que l'électeur sait lire et écrire, en lui faisant lire l'article 36 et copier l'article 37.

Art. 38.

Tout électeur est éligible, à l'exception des fonctionnaires dépendant directement du Pouvoir exécutif.

TITRE VIII.
De la magistrature judiciaire.

Art. 39.

La Cour suprême de justice se recrute elle-même par l'élection. Elle fait son règlement, nomme ses dignitaires, compose ses bureaux d'administration et fixe elle-même le budget de la justice, qu'elle propose à l'Assemblée nationale par l'intermédiaire de délégués de son choix. Ces délégués sont tenus de répondre aux interpellations des députés, et de porter à la Cour l'expression des désirs de l'Assemblée.

Art. 40.

Il y a une Cour d'appel pour deux millions d'habitants. Les conseillers des Cours d'appel sont nommés, l'étendue de leur ressort et le siége de leur résidence est désigné par la Cour suprême de justice. Les Conseillers font leur règlement et nomment leurs dignitaires. Ils composent leurs bureaux d'administration. Ils subissent le contrôle et les réprimandes de la Cour suprême.

ART. 41.

Il y a une Cour d'assises pour chaque département. Le siége et les magistrats de cette Cour, le nombre et l'époque de ses sessions sont désignés par la Cour d'appel. Les membres du jury sont tirés au sort parmi les noms désignés, à raison de vingt par canton, soit par le Conseil cantonal, soit par le Conseil municipal des villes qui n'ont pas de Conseils cantonaux. Les frais de la Cour d'assises et indemnités des juges sont réglés par les Cours d'appel et supportés par le département.

ART. 42.

Il y a un Tribunal de première instance pour deux cent mille habitants. Les juges des Tribunaux de première instance sont nommés, le siége et le ressort de ces tribunaux sont désignés par la Cour d'appel. Les juges reçoivent leur règlement et leurs dignitaires de la Cour d'appel, dont ils subissent le contrôle et les réprimandes.

ART. 43.

Toute ville qui veut avoir un Tribunal de commerce en fait la demande à la Cour d'appel, qui détermine aussi le nombre des juges. Les juges du Tribunal de commerce sont nommés par tous les commerçants patentés convoqués par le Tribunal de première instance sur l'ordre de la Cour d'appel, dans les mêmes conditions de scrutin que les Conseillers municipaux. Ils font leur règlement et nomment leurs dignitaires. Les frais des Tribunaux de commerce sont supportés par ceux qui y ont recours : le local est fourni et l'argent avancé par la ville, sauf recouvrement ultérieur.

Art. 44.

Il y a un juge de paix par canton. Il est nommé, ainsi que son suppléant et son greffier, par la Cour d'appel, sur la présentation du tribunal de première instance, dont il subit le contrôle et les réprimandes. Les frais et traitements de la justice de paix sont réglés par le tribunal de première instance et supportés par le canton, déduction faite des frais soldés par les parties.

Art. 45.

La Cour suprême de justice nomme et révoque tous les magistrats du parquet, qui la représentent auprès des Cours et tribunaux, et qui relèvent directement d'elle. Les officiers de police et de sûreté générale, les employés de prison et agents de la force publique relèvent aussi directement d'elle.

Art. 46.

La Cour des comptes, magistrature judiciaire, chargée de vérifier tous les comptables de France, se recrute elle-même par l'élection, fait son règlement, nomme ses dignitaires, et compose ses bureaux d'administration.

Art. 47.

Tous les conflits qui pourraient survenir entre les différentes magistratures judiciaires sont jugés par la Cour suprême, qui révoque aussi les magistrats dans les cas de scandale ou forfaiture.

Art. 48.

Les Conseillers de la Cour suprême, de la Cour des comptes, des Cours d'appel, les juges de première instance et de paix sont inamovibles, sauf les cas précités.

Art. 49.

Les conflits qui pourraient survenir entre le pouvoir judiciaire et le pouvoir exécutif sont jugés par l'Assemblée nationale.

TITRE IX.

Du Clergé.

Art. 50.

Il y a un archevêque catholique au traitement de 20,000 francs, pour deux millions d'habitants. Les archevêques, réunis chaque année en assemblée pendant la semaine qui suit le premier dimanche après Pâques, déterminent le siége et l'étendue de leur ressort, ainsi que le siége des évêchés, nomment les titulaires aux archevêchés et aux évêchés vacants, se consultent sur l'état et les besoins de l'Eglise de France, et règlent le budget de l'Eglise, qu'ils font présenter à l'Assemblée nationale par leurs délégués.

Art. 51.

Il y a un évêque, au traitement de 10,000 francs, par département. L'évêque nomme à toutes les fonctions sacerdotales du département.

Art. 52.

Sous le rapport du traitement, l'Etat reconnaît quatre classes de prêtres catholiques :

1° Les chanoines titulaires, au traitement de 2,000 fr., à raison de trois par 100,000 habitants ;

2° Les curés de canton, au traitement de 1,200 francs ;

3.° Les desservants de commune de première classe (un tiers) au traitement de 1,000 francs ;

4° Les desservants de seconde classe (deux tiers) au traitement de 800 francs.

Art. 53.

Les différentes sectes du culte réformé, et le culte israélite, organisent leur hiérarchie et leur fonctionnement. Sous le rapport du traitement, l'Etat reconnaît un Président du consistoire du culte réformé, et un Président du consistoire du culte israélite, chacun au traitement de 20,000 francs, plus un pasteur de chaque culte pour deux cents fidèles environ, avec traitement de 1,000 francs ; sur la totalité des pasteurs de chaque culte, un sixième touche 3,000 francs, un autre sixième touche 2,000 francs.

Art. 54.

L'Etat n'accorde d'autres subventions à aucun culte. Les subventions sont demandées par les évêques ou les délégués des pasteurs des autres cultes aux Conseils généraux.

TITRE X.

De l'Université.

Art. 55.

L'instruction publique est donnée en France par huit Universités dont le ressort est le suivant : 1° Université de Nancy (Meurthe, Meuse, Ardennes, Aisne, Marne,

Aube, Haute-Marne, Vosges, Haute-Saône, Doubs, Côte-d'Or, Yonne);

2° Université de Lyon (Saône-et-Loire, Jura, Ain, Rhône, Loire, Puy-de-Dôme, Haute-Loire, Ardèche, Drôme, Isère, Savoie, Haute-Savoie);

3° Université de Montpellier (Hérault, Aveyron, Cantal, Lozère, Gard, Vaucluse, Bouches-du-Rhône, Hautes-Alpes, Basses-Alpes, Var, Alpes-Maritimes, Corse et Algérie);

4° Université de Toulouse (Haute-Garonne, Hautes-Pyrénées, Basses Pyrénées, Landes, Lot-et-Garonne, Lot, Gers, Tarn-et-Garonne, Tarn, Aude, Pyrénées-Orientales, Ariége);

5° Université de Bordeaux (Gironde, Dordogne, Corrèze, Haute-Vienne, Charente-Inférieure, Charente, Vendée, Deux-Sèvres, Vienne, Creuse, et toutes les colonies);

6° Université de Rennes (Loire-Inférieure, Maine-et-Loire, Sarthe, Mayenne, Ille-et-Vilaine, Manche, Côtes-du-Nord, Finistère, Morbihan);

7° Université de Rouen (Orne, Calvados, Eure, Seine-Inférieure, Oise, Somme, Pas-de-Calais, Nord);

8° Université de Paris (Seine, Seine-et-Oise, Seine-et-Marne, Loiret, Eure-et-Loir, Loir-et-Cher, Cher, Nièvre, Indre-et-Loire, Indre, Allier).

ART. 56.

Aucun étudiant ne peut demander à l'Etat l'instruction publique à ses trois degrés que dans l'Université dont le ressort comprend le département où habitent ses parents ou son tuteur.

Art. 57.

Chaque Université est dirigée par un Recteur, au traitement de 20,000 francs, nommé tous les dix ans, à la majorité absolue des deux tiers de votants avec nombre indéfini de scrutins jusqu'à résultat complet, par l'assemblée des professeurs des Facultés de lettres, sciences, droit et médecine de l'Université. Le Recteur est assisté dans son administration par un conseil de quatre administrateurs, chargés aussi des inspections générales, au traitement de 10,000 francs, nommés dans les mêmes conditions, mais pour cinq ans seulement, par la même assemblée.

Art. 58.

Chaque Université comprend quatre Facultés d'enseignement supérieur : une de droit, une de médecine et pharmacie, une de sciences, une de lettres. Ces quatre Facultés sont réunies au chef-lieu de l'Université : cependant des circonstances exceptionnelles peuvent déterminer la distraction d'une des Facultés dans une autre ville. — En outre, les villes ou les départements peuvent entretenir à leurs frais des écoles d'enseignement supérieur, dont les professeurs et fonctionnaires sont nommés par le Recteur, sur la présentation de la ville ou du département, ou de sa propre autorité, à défaut de présentation.

Art. 59.

Les professeurs de chaque Faculté se recrutent eux-mêmes, font leur règlement, nomment leurs dignitaires. Ils jouissent d'un traitement uniforme de 7,000 francs.

ART. 60.

Il y a dans chaque département au moins un lycée national d'enseignement secondaire. Les colléges communaux sont à la charge des villes. — Il y a également dans chaque département un conseil d'instruction publique de vingt membres, nommé par le Conseil général dans des conditions de scrutin qu'il détermine lui-même, et dont la principale attribution est d'adresser au Recteur l'expression de ses désirs, de son opinion sur l'état de l'instruction dans le département. — Il y a dans chaque département un Inspecteur de l'Université, représentant de l'autorité rectorale. Cet Inspecteur nomme les instituteurs et inspecteurs primaires : les nominations sont soumises au Conseil départemental de l'instruction publique, et approuvées par lui.

ART. 61.

Le Recteur, assisté du conseil des administrateurs, qu'il préside, nomme tous les fonctionnaires administratifs et tous les fonctionnaires de l'enseignement secondaire de son Université ; il ne les peut choisir que parmi ceux qui ont fait leurs études dans cette Université. — Le Recteur, assisté du même conseil, et après avoir pris l'avis des facultés compétentes, règle toutes les questions d'administration, de programmes d'enseignement, d'examens. — Il règle le budget de son Université, le présente et le soutient lui-même, ou par des délégués qu'il désigne, à l'Assemblée nationale. — Les Recteurs des différentes Universités peuvent se réunir sur leur propre initiative ou sur la convocation du Chef du pouvoir exécutif, pour conférer des intérêts de l'instruction publique.

ART. 62.

L'enseignement supérieur est libre, aussi bien que l'enseignement primaire et secondaire. Seulement l'Etat se réserve le droit d'exiger les diplômes conférés par ses Universités pour l'entrée aux fonctions instituées par lui. Les professions d'avocat, médecin et pharmacien peuvent être exercées avec les diplômes conférés par les Universités libres.

ART. 63.

Tous les conflits entre les différentes autorités enseignantes ou entre le Corps universitaire et le Pouvoir exécutif sont jugés par l'Assemblée nationale.

Dispositions transitoires.

ART. 64.

Des lois régleront toutes les questions de détail qui ne peuvent figurer dans la Constitution.

ART. 65.

Le Chef du pouvoir exécutif nommera provisoirement à toutes les fonctions qui seraient en souffrance jusqu'à la mise en pratique complète de la Constitution. — Les fonctionnaires de tout ordre actuellement existants, qui peuvent faire valoir des droits sérieux, et qui sont encore éloignés de la retraite, seront autant que possible conservés si leur fonction subsiste. Leur succession sera réglée conformément à la Constitution.

FIN.

Bar-le-Duc. — Typ. L. Guérin.